화엄경 제39권(십지품 26-6) 해설

화엄경 제39권에는 10지 가운데 제9지의 게송 일부와 제10지가 나온다. 1-10p까지는 제9지의 게송(淨居天衆那由他 ~ 願聽慧者爲宣說)이 나오고, 그 가운데 10-103p까지는 금강장보살이 해탈월보살에게 가르친 글이 나온다.

"초지부터 제9지까지 익혔던 한량없는 지혜와 관찰, 覺了를 잘 생각하여 닦고 익혀 만족해야 한다. 그리하여 온갖 白法을 모으고 끝없는 助道法을 키워나가며 대복덕, 지혜, 廣行, 大悲로써 세계의 차별, 중생들의 稠林, 여래소행처를 따라 적멸행을 관찰, 18불공법의 주인공이 되어야 한다.(pp.10~11) 그렇게 하려면 먼저 삼매를 닦고 백만아승지 광명 속에서 시방보살들을 모아 10선, 10종력의 大職을 내려 제10 法雲地에 머물러야 한다"
하였다.(pp.12~31)

보살이 이 地에 머물면 시방세계가 모두 함께 여래의 微細智에 들어가 큰 시간적 큰 공간적 부사의 행을 실천할 수 있기 때문이다.(pp.32~45) 그리고 이어서 법운지보살의 끝없는 공덕이 나오고 마지막으로 103-127p까지 게송이 나온다.

"其心寂滅恒調順 ~ 億劫說此不可盡"

十地品第二十六之六
십지품제이십육지육

淨居天衆那由他
정거천중나유타

聞此地中諸勝行
문차지중제승행

空中踊躍心歡喜
공중용약심환희

悉共虔誠供養佛
실공건성공양불

不可思議菩薩衆
불가사의보살중

亦在空中大歡喜
역재공중대환희

俱燃最上悅意香 (구연최상열의향)
普熏眾會令清淨 (보훈중회령청정)
自在天王與天眾 (자재천왕여천중)
無量億數在虛空 (무량억수재허공)
普散天衣供養佛 (보산천의공양불)
百千萬種繽紛下 (백천만종빈분하)
天諸采女無有量 (천제채녀무유량)

靡不歡欣供養佛
미불환흔공양불

各奏種種妙樂音
각주종종묘락음

悉以此言而讚歎
실이차언이찬탄

佛身安坐一國土
불신안좌일국토

一切世界悉現身
일체세계실현신

身相端嚴無量億
신상단엄무량억

法界廣大悉充滿
법계광대실충만

於一毛孔放光明 (어일모공방광명)
普滅世間煩惱暗 (보멸세간번뇌암)
國土微塵可知數 (국토미진가지수)
此光明數不可測 (차광명수불가측)
或見如來具衆相 (혹견여래구중상)
轉於無上正法輪 (전어무상정법륜)
或見遊行諸佛刹 (혹견유행제불찰)

或見寂然安不動
혹견적연안부동

或見住於兜率宮
혹견주어도솔궁

或現下生入母胎
혹현하생입모태

或示住胎或出胎
혹시주태혹출태

悉令無量國中見
실령무량국중견

或現出家修世道
혹현출가수세도

或現道場成正覺
혹현도량성정각

或現說法或涅槃 (혹현설법혹열반)

普使十方無不覩 (보사시방무부도)

譬如幻師知幻術 (비여환사지환술)

在於大衆多所作 (재어대중다소작)

如來智慧亦復然 (여래지혜역부연)

於世間中普現身 (어세간중보현신)

佛住甚深眞法性 (불주심심진법성)

寂滅無相同虛空
적멸무상동허공

而於第一實義中
이어제일실의중

示現種種所行事
시현종종소행사

所作利益衆生事
소작리익중생사

皆依法性而得有
개의법성이득유

相與無相無差別
상여무상무차별

入於究竟皆無相
입어구경개무상

若有欲得如來智
약유욕득여래지

應離一切妄分別
응리일체망분별

有無通達皆平等
유무통달개평등

疾作人天大導師
질작인천대도사

無量無邊天女衆
무량무변천녀중

種種言音稱讚已
종종언음칭찬이

身心寂靜共安樂
신심적정공안락

瞻(첨)仰(앙)如(여)來(래)默(묵)然(연)住(주)
卽(즉)時(시)菩(보)薩(살)解(해)脫(탈)月(월)
知(지)諸(제)衆(중)會(회)咸(함)寂(적)靜(정)
向(향)金(금)剛(강)藏(장)而(이)請(청)言(언)
大(대)無(무)畏(외)者(자)眞(진)佛(불)子(자)
從(종)第(제)九(구)地(지)入(입)十(십)地(지)
所(소)有(유)功(공)德(덕)諸(제)行(행)相(상)

及以神通變化事
급이신통변화사

願聰慧者爲宣說
원총혜자위선설

爾時金剛藏菩薩摩訶薩
이시금강장보살마하살

告解脫月菩薩言佛子菩薩
고해탈월보살언불자보살

摩訶薩從初地乃至第九地
마하살종초지내지제구지

以如是無量智慧觀察覺了
이여시무량지혜관찰각료

已善思惟修習善滿足白法
이선사유수습선만족백법

集無邊助道法增長大福德
집무변조도법증장대복덕

智慧廣行大悲知世界差別
지혜광행대비지세계차별

入衆生界稠林入如來所行
입중생계주림입여래소행

處隨順如來寂滅行常觀察
처수순여래적멸행상관찰

如來力無所畏不共佛法名
여래력무소외불공불법명

爲得一切種一切智智受職
위득일체종일체지지수직

位
위

佛(불)子(자)菩(보)薩(살)摩(마)訶(하)薩(살)以(이)如(여)是(시)
智(지)慧(혜)入(입)受(수)職(직)地(지)已(이)卽(즉)得(득)菩(보)薩(살)
離(리)垢(구)三(삼)昧(매)入(입)法(법)界(계)差(차)別(별)三(삼)昧(매)
莊(장)嚴(엄)道(도)場(량)三(삼)昧(매)一(일)切(체)種(종)華(화)光(광)
三(삼)昧(매)海(해)藏(장)三(삼)昧(매)海(해)印(인)三(삼)昧(매)虛(허)
空(공)界(계)廣(광)大(대)三(삼)昧(매)觀(관)一(일)切(체)法(법)自(자)
性(성)三(삼)昧(매)知(지)一(일)切(체)衆(중)生(생)心(심)行(행)三(삼)

昧一切佛皆現前三昧如是
等百萬阿僧祇三昧皆現在
前
菩薩於此一切三昧若入
若起皆得善巧亦善了知一
切三昧所作差別其最後三
昧名受一切智勝職位

此(차)三(삼)昧(매)現(현)在(재)前(전)時(시)有(유)大(대)寶(보)

蓮(련)華(화)忽(홀)然(연)出(출)生(생)其(기)華(화)廣(광)大(대)量(량)

等(등)百(백)萬(만)三(삼)千(천)大(대)千(천)世(세)界(계)以(이)衆(중)

妙(묘)寶(보)間(간)錯(착)莊(장)嚴(엄)超(초)過(과)一(일)切(체)世(세)

間(간)境(경)界(계)出(출)世(세)善(선)根(근)之(지)所(소)生(생)起(기)

知(지)諸(제)法(법)如(여)幻(환)性(성)衆(중)行(행)所(소)成(성)恒(항)

放(방)光(광)明(명)普(보)照(조)法(법)界(계)非(비)諸(제)天(천)處(처)

座 좌	以 이	三 삼	光 광	浮 부	莖 경	之 지
身 신	爲 위	千 천	明 명	檀 단	栴 전	所 소
相 상	眷 권	大 대	衆 중	金 금	檀 단	能 능
大 대	屬 속	千 천	寶 보	爲 위	王 왕	有 유
小 소	爾 이	世 세	爲 위	葉 엽	爲 위	毘 비
正 정	時 시	界 계	藏 장	其 기	臺 대	瑠 류
相 상	菩 보	微 미	寶 보	華 화	瑪 마	璃 리
稱 칭	薩 살	塵 진	網 망	常 상	瑙 노	摩 마
可 가	坐 좌	數 수	彌 미	有 유	爲 위	尼 니
無 무	此 차	蓮 련	覆 부	無 무	鬚 수	寶 보
量 량	華 화	華 화	十 십	量 량	閻 염	爲 위

사경의 공덕은 십만억 부처님께 공양한 것과 같은 공덕이 있습니다.

菩薩以爲眷屬各坐其餘蓮
華之上周帀圍遶一一各得
百萬三昧向大菩薩一一心瞻
仰

佛子此大菩薩幷其眷屬
坐華座時所有光明及以言
音普皆充滿十方法界一切

世界咸悉震動惡趣休息國
세계함실진동악취휴식국

土嚴淨同行菩薩靡不來集
토엄정동행보살미불래집

人天音樂同時發聲所有衆
인천음악동시발성소유중

生悉得安樂以不思議供養
생실득안락이불사의공양

之具供一切佛諸佛衆會悉
지구공일체불제불중회실

皆顯現
개현현

佛子此菩薩坐彼大蓮華
불자차보살좌피대련화

閻 염	百 백	生 생	阿 아	滅 멸	祇 기	座 좌
羅 라	萬 만	趣 취	僧 승	衆 중	光 광	時 시
王 왕	阿 아	滅 멸	祇 기	生 생	明 명	於 어
界 계	僧 승	衆 중	光 광	苦 고	普 보	兩 량
滅 멸	祇 기	生 생	明 명	於 어	照 조	足 족
衆 중	光 광	苦 고	普 보	兩 량	十 시	下 하
生 생	明 명	於 어	照 조	膝 슬	方 방	放 방
苦 고	普 보	齊 제	十 시	輪 륜	諸 제	百 백
從 종	照 조	輪 륜	方 방	放 방	大 대	萬 만
左 좌	十 시	中 중	諸 제	百 백	地 지	阿 아
右 우	方 방	放 방	畜 축	萬 만	獄 옥	僧 승

切 체	萬 만	羅 라	普 보	兩 량	十 시	脇 협
聲 성	阿 아	所 소	照 조	手 수	方 방	放 방
聞 문	僧 승	有 유	十 시	中 중	一 일	百 백
從 종	祇 기	宮 궁	方 방	放 방	切 체	萬 만
其 기	光 광	殿 전	一 일	百 백	人 인	阿 아
項 항	明 명	從 종	切 체	萬 만	趣 취	僧 승
背 배	普 보	兩 량	諸 제	阿 아	滅 멸	祇 기
放 방	照 조	肩 견	天 천	僧 승	衆 중	光 광
百 백	十 시	上 상	及 급	祇 기	生 생	明 명
萬 만	方 방	放 방	阿 아	光 광	苦 고	普 보
阿 아	一 일	百 백	修 수	明 명	從 종	照 조

僧祇光明普照十方辟支佛 (승기광명보조시방벽지불)
身從其面門放百萬阿僧祇 (신종기면문방백만아승기)
光明普照十方初始發心乃 (광명보조시방초시발심내)
至九地諸菩薩身從兩眉間 (지구지제보살신종량미간)
放百萬阿僧祇光明普照十 (방백만아승기광명보조시)
方受職菩薩令魔宮殿悉皆 (방수직보살령마궁전실개)
不現從其頂上放百萬阿僧 (불현종기정상방백만아승)

祇(기) 三(삼) 千(천) 大(대) 千(천) 世(세) 界(계) 微(미) 塵(진) 數(수) 光(광)
明(명) 普(보) 照(조) 十(시) 方(방) 一(일) 切(체) 世(세) 界(계) 諸(제) 佛(불)
如(여) 來(래) 道(도) 場(량) 衆(중) 會(회) 右(우) 遶(요) 十(십) 帀(잡) 住(주)
虛(허) 空(공) 中(중) 成(성) 光(광) 明(명) 網(망) 名(명) 熾(치) 然(연) 光(광)
明(명) 發(발) 其(기) 種(종) 種(종) 諸(제) 供(공) 養(양) 事(사) 供(공) 養(양)
於(어) 佛(불) 餘(여) 諸(제) 菩(보) 薩(살) 從(종) 初(초) 發(발) 心(심) 乃(내)
至(지) 九(구) 地(지) 所(소) 有(유) 供(공) 養(양) 而(이) 比(비) 於(어) 此(차)

百分不及一乃至算數譬喻
백분불급일내지산수비유

所不能及
소불능급

其光明網普於十方一一
기광명망보어시방일일

如來衆會之前雨衆妙香華
여래중회지전우중묘향화

鬘衣服幢幡寶蓋諸摩尼等
만의복당번보개제마니등

莊嚴之具以爲供養皆從出
장엄지구이위공양개종출

世善根所生超過一切世間
세선근소생초과일체세간

境界若有衆生見知此者皆於阿耨多羅三藐三菩提得不退轉

佛子此大光明作於如是供養事畢復遶十方一切世界一一諸佛道場衆會經十帀已從諸如來足下而入爾

경계약유중생견지차자개어아녹다라삼약삼보리득불퇴전

불자차대광명작어여시공양사필부요시방일체세계일일제불도량중회경십잡이종제여래족하이입이

時시 諸제 佛불 及급 諸제 菩보 薩살 知지 某모 世세 界계
中중 某모 菩보 薩살 摩마 訶하 薩살 能능 行행 如여 是시
廣광 大대 之지 行행 到도 受수 職직 位위
佛불 子자 是시 時시 十시 方방 無무 量량 無무 邊변
乃내 至지 九구 地지 諸제 菩보 薩살 衆중 皆개 來래 圍위
遶요 恭공 敬경 供공 養양 一일 心심 觀관 察찰 正정 觀관
察찰 時시 其기 諸제 菩보 薩살 卽즉 各각 獲획 得득 十십

千三昧
천삼매

當爾之時十方所有受職
당이지시시방소유수직

菩薩皆於金剛莊嚴臆德相
보살개어금강장엄억덕상

中出大光明名能壞魔怨百
중출대광명명능괴마원백

萬阿僧祇光明以爲眷屬普
만아승기광명이위권속보

照十方現於無量神通變化
조시방현어무량신통변화

作是事已而來入此菩薩摩
작시사이이래입차보살마

訶(하)薩(살)金(금)剛(강)莊(장)嚴(엄)臆(억)德(덕)相(상)中(중)其(기)

光(광)入(입)已(이)令(령)此(차)菩(보)薩(살)所(소)有(유)智(지)慧(혜)

勢(세)力(력)增(증)長(장)過(과)百(백)千(천)倍(배)

爾(이)時(시)十(시)方(방)一(일)切(체)諸(제)佛(불)從(종)眉(미)

間(간)出(출)淸(청)淨(정)光(광)明(명)名(명)增(증)益(익)一(일)切(체)

智(지)神(신)通(통)無(무)數(수)光(광)明(명)以(이)爲(위)眷(권)屬(속)

普(보)照(조)十(시)方(방)一(일)切(체)世(세)界(계)右(우)遶(요)十(십)

帀示現如來廣大自在開悟
잡시현여래광대자재개오

無量百千億那由他諸菩薩
무량백천억나유타제보살

衆周徧震動一切佛剎滅除
중주변진동일체불찰멸제

一切諸惡道苦一隱蔽一切諸
일체제악도고일은폐일체제

魔宮殿示一切佛得菩提處
마궁전시일체불득보리처

道場衆會莊嚴威德如是普
도량중회장엄위덕여시보

照盡虛空徧法界一切世界
조진허공변법계일체세계

已而來至此菩薩會上周帀
이 이 래 지 차 보 살 회 상 주 잡

右遶示現種種莊嚴之事現
우 요 시 현 종 종 장 엄 지 사 현

是事已從大菩薩頂上而入
시 사 이 종 대 보 살 정 상 이 입

其眷屬光明亦各入彼諸菩
기 권 속 광 명 역 각 입 피 제 보

薩頂當爾之時此菩薩得先
살 정 당 이 지 시 차 보 살 득 선

所未得百萬三昧名爲已得
소 미 득 백 만 삼 매 명 위 이 득

受職之位入佛境界具足十
수 직 지 위 입 불 경 계 구 족 십

사경의 공덕은 십만억 부처님께 공양한 것과 같은 공덕이 있습니다.

海 해	燃 연	金 금	輪 륜	子 자		力 력
水 수	香 향	之 지	王 왕	母 모	佛 불	隨 타
置 치	散 산	座 좌	令 령	是 시	子 자	在 재
金 금	花 화	張 장	此 차	正 정	如 여	佛 불
瓶 병	奏 주	大 대	太 태	后 후	轉 전	數 수
內 내	諸 제	網 망	子 자	身 신	輪 륜	
王 왕	音 음	幔 만	坐 좌	相 상	聖 성	
執	樂 악	建 건	白 백	具 구	王 왕	
此 차	取 취	大 대	象 상	足 족	所 소	
瓶 병	四 사	幢 당	寶 보	其 기	生 생	
灌 관	大 대	幡 번	妙 묘	轉 전	太 태	

太子頂是時卽名受王職位
태자정시시즉명수왕직위

墮在灌頂刹利王數卽能具
타재관정찰리왕수즉능구

足行十善道亦得名爲轉輪
족행십선도역득명위전륜

聖王菩薩受職亦復如是諸
성왕보살수직역부여시제

佛智水灌其頂故名爲受職
불지수관기정고명위수직

具足如來十種力故墮在佛
구족여래십종력고타재불

數
수

佛子 是名菩薩受大智職

불자 시명보살수대지직

菩薩以此大智職故 能行無

보살이차대지직고 능행무

量百千萬億那由他難行之

량백천만억나유타난행지

行 增長無量智慧功德 名爲

행 증장무량지혜공덕 명위

安住法雲地

안주법운지

佛子 菩薩摩訶薩住此法

불자 보살마하살주차법

雲地 如實知欲界集 色界集

운지 여실지욕계집 색계집

無色界集世界集法界集有
무색계집세계집법계집유

爲界集無爲界集衆生界集
위계집무위계집중생계집

識界集虛空界集涅槃界集
식계집허공계집열반계집

此菩薩如實知諸見煩惱行
차보살여실지제견번뇌행

集知世界成壞知聲聞行
집지세계성괴지성문행

集辟支佛行集菩薩行集如
집벽지불행집보살행집여

來力無所畏色身法身集一
래력무소외색신법신집일

切種一切智智集示得菩提
체종일체지지집시득보리

轉法輪集入一切法分別決
전법륜집입일체법분별결

定智集擧要言之以一切智
정지집거요언지이일체지

知一切集
지일체집

佛子此菩薩摩訶薩以如
불자차보살마하살이여

是上上覺慧如實知衆生業
시상상각혜여실지중생업

化煩惱化諸見化世界化法
화번뇌화제견화세계화법

界(계)化(화)聲(성)聞(문)化(화)辟(벽)支(지)佛(불)化(화)菩(보)薩(살)
化(화)如(여)來(래)化(화)一(일)切(체)分(분)別(별)無(무)分(분)別(별)
化(화)如(여)是(시)等(등)皆(개)如(여)實(실)知(지)
又(우)如(여)實(실)知(지)佛(불)持(지)法(법)持(지)僧(승)持(지)
業(업)持(지)煩(번)惱(뇌)持(지)時(시)持(지)願(원)持(지)供(공)養(양)
持(지)行(행)持(지)劫(겁)持(지)智(지)持(지)如(여)是(시)等(등)皆(개)
如(여)實(실)知(지)

法 법	命 명	微 미	細 세	微 미	細 세	
住 주	微 미	細 세	智 지	細 세	智 지	又 우
微 미	細 세	智 지	現 현	智 지	所 소	如 여
細 세	智 지	轉 전	神 신	受 수	謂 위	實 실
智 지	般 반	法 법	通 통	生 생	修 수	知 지
如 여	涅 열	輪 륜	微 미	微 미	行 행	諸 제
是 시	槃 반	微 미	細 세	細 세	微 미	佛 불
等 등	微 미	細 세	智 지	智 지	細 세	如 여
皆 개	細 세	智 지	成 성	出 출	智 지	來 래
如 여	智 지	住 주	正 정	家 가	命 명	入 입
實 실	敎 교	壽 수	覺 각	微 미	終 종	微 미

知

又入如來秘密處所謂身

秘密語秘密心秘密時非時

思量秘密授菩薩記秘密攝

衆生秘密種種乘秘密一切

衆生根行差別秘密業所作

秘密得菩提行秘密如是等

사경의 공덕은 십만억 부처님께 공양한 것과 같은 공덕이 있습니다.

劫 겁	劫 겁	無 무	劫 겁	謂 위		皆 개
有 유	入 입	數 수	入 입	一 일	又 우	如 여
佛 불	一 일	劫 겁	一 일	劫 겁	知 지	實 실
劫 겁	念 념	入 입	劫 겁	入 입	諸 제	知 지
入 입	劫 겁	有 유	有 유	阿 아	佛 불	
無 무	入 입	數 수	數 수	僧 승	所 소	
佛 불	非 비	劫 겁	劫 겁	祇 기	有 유	
劫 겁	劫 겁	一 일	入 입	劫 겁	入 입	
無 무	非 비	念 념	無 무	阿 아	劫 겁	
佛 불	劫 겁	入 입	數 수	僧 승	智 지	
劫 겁	入 입	劫 겁	劫 겁	祇 기	所 소	

사경의 공덕은 십만억 부처님께 공양한 것과 같은 공덕이 있습니다.

入有佛劫過去未來劫入現
입유불겁과거미래겁입현

在劫現在劫入過去未來劫
재겁현재겁입과거미래겁

過去劫入未來劫未來劫入
과거겁입미래겁미래겁입

過去劫長劫入短劫短劫入
과거겁장겁입단겁단겁입

長劫如是等皆如實知
장겁여시등개여실지

又知如來諸所入智所謂
우지여래제소입지소위

入毛道智入微塵智入國土
입모도지입미진지입국토

身(신) 正(정) 覺(각) 智(지) 入(입) 衆(중) 生(생) 身(신) 正(정) 覺(각) 智(지)
入(입) 衆(중) 生(생) 心(심) 正(정) 覺(각) 智(지) 入(입) 衆(중) 生(생) 行(행)
正(정) 覺(각) 智(지) 入(입) 隨(수) 順(순) 一(일) 切(체) 處(처) 正(정) 覺(각)
智(지) 入(입) 示(시) 現(현) 徧(편) 行(행) 智(지) 入(입) 示(시) 現(현) 順(순)
行(행) 智(지) 入(입) 示(시) 現(현) 逆(역) 行(행) 智(지) 入(입) 示(시) 現(현)
思(사) 議(의) 不(불) 思(사) 議(의) 世(세) 間(간) 了(료) 知(지) 不(불) 了(료)
知(지) 行(행) 智(지) 入(불) 示(시) 現(현) 聲(성) 聞(문) 智(지) 辟(벽) 支(지)

佛智菩薩行如來行智佛子
불지보살행여래행지불자

一切諸佛所有智慧廣大無
일체제불소유지혜광대무

量此地菩薩皆能得入
량차지보살개능득입

佛子菩薩摩訶薩住此地
불자보살마하살주차지

卽得菩薩不思議解脫無障
즉득보살불사의해탈무장

礙解脫淨觀察解脫普照明
애해탈정관찰해탈보조명

解脫如來藏解脫隨順無礙
해탈여래장해탈수순무애

사경의 공덕은 십만억 부처님께 공양한 것과 같은 공덕이 있습니다.

百 백	量 량	此 차	量 량	餘 여	藏 장	輪 륜
千 천	百 백	第 제	百 백	境 경	解 해	解 해
阿 아	千 천	十 십	千 천	界 계	脫 탈	脫 탈
僧 승	阿 아	地 지	阿 아	解 해	解 해	通 통
祇 기	僧 승	中 중	僧 승	脫 탈	脫 탈	達 달
陀 다	祇 기	得 득	祇 기	此 차	光 광	三 삼
羅 라	三 삼	如 여	解 해	十 십	明 명	世 세
尼 니	昧 매	是 시	脫 탈	爲 위	輪 륜	解 해
門 문	門 문	乃 내	門 문	首 수	解 해	脫 탈
無 무	無 무	至 지	皆 개	有 유	脫 탈	法 법
量 량	量 량	無 무	於 어	無 무	無 무	界 계

百千阿僧祇神通門皆悉成
백천아승기신통문개실성

就
취

佛子此菩薩摩訶薩通達
불자차보살마하살통달

如是智慧隨順無量菩提成
여시지혜수순무량보리성

就善巧念力十方無量諸佛
취선교념력시방무량제불

所有無量大法明大法照大
소유무량대법명대법조대

法雨於一念頃皆能安能受
법우어일념경개능안능수

사경의 공덕은 십만억 부처님께 공양한 것과 같은 공덕이 있습니다.

能攝能持譬如娑伽羅龍王
所霔大雨唯除大海餘一切
處皆不能安不能受不能攝
不能持
如來秘密藏大法明大法
照大法雨亦復如是唯除第
十地菩薩餘一切衆生聲聞

獨覺乃至第九地菩薩皆不
독각내지제구지보살개불

能安不能受不能攝不能持
능안불능수불능섭불능지

佛子譬如大海能安能受能
불자비여대해능안능수능

攝能持一大龍王所霔大雨
섭능지일대룡왕소주대우

若二若三乃至無量諸龍王
약이약삼내지무량제룡왕

雨於一念間一時霔下皆能
우어일념간일시주하개능

安能受能攝能持何以故以
안능수능섭능지하이고이

是(시)無(무)量(량)廣(광)大(대)器(기)故(고)住(주)法(법)雲(운)地(지)

菩(보)薩(살)亦(역)復(부)如(여)是(시)能(능)安(안)能(능)受(수)能(능)

攝(섭)能(능)持(지)一(일)佛(불)法(법)明(명)法(법)照(조)法(법)雨(우)

若(약)二(이)若(약)三(삼)乃(내)至(지)無(무)量(량)於(어)一(일)念(념)

頃(경)一(일)時(시)演(연)說(설)悉(실)亦(역)如(여)是(시)是(시)故(고)

此(차)地(지)名(명)爲(위)法(법)雲(운)

解(해)脫(탈)月(월)菩(보)薩(살)言(언)佛(불)子(자)此(차)地(지)

菩薩於一念間能於幾如來所安受攝持大法明大法照大法雨金剛藏菩薩言佛子不可以算數能知我當爲汝說其譬喩佛子譬如十方各有十不可說百千億那由他佛刹微塵數世界

보살어일념간능어기여래소안수섭지대법명대법조대법우금강장보살언불자불가이산수능지아당위여설기비유불자비여시방각유십불가설백천억나유타불찰미진수세계

其(기)世(세)界(계)中(중)一(일)一(일)衆(중)生(생)皆(개)得(득)
聞(문)持(지)陀(다)羅(라)尼(니)爲(위)佛(불)侍(시)者(자)聲(성)聞(문)
衆(중)中(중)多(다)聞(문)第(제)一(일)如(여)金(금)剛(강)蓮(련)華(화)
上(상)佛(불)所(소)大(대)勝(승)比(비)丘(구)然(연)一(일)衆(중)生(생)
所(소)受(수)之(지)法(법)餘(여)不(불)重(중)受(수)佛(불)子(자)於(어)
汝(여)意(의)云(운)何(하)
此(차)諸(제)衆(중)生(생)所(소)受(수)之(지)法(법)爲(위)有(유)

量(량)耶(야)爲(위)無(무)量(량)耶(야)解(해)脫(탈)月(월)菩(보)薩(살)
言(언)其(기)數(수)甚(심)多(다)無(무)量(량)無(무)邊(변)金(금)剛(강)
藏(장)菩(보)薩(살)言(언)佛(불)子(자)我(아)爲(위)汝(여)說(설)令(령)
汝(여)得(득)解(해)

佛(불)子(자)此(차)法(법)雲(운)地(지)菩(보)薩(살)於(어)一(일)
佛(불)所(소)一(일)念(념)之(지)頃(경)所(소)安(안)所(소)受(수)所(소)
攝(섭)所(소)持(지)大(대)法(법)明(명)大(대)法(법)照(조)大(대)法(법)

雨三世法藏前爾所世界一
우삼세법장전이소세계일

切衆生所聞持法於此百分
체중생소문지법어차백분

不及一乃至譬喩亦不能及
불급일내지비유역불능급

如一佛所如是十方如前所
여일불소여시시방여전소

說爾所世界微塵數佛復過
설이소세계미진수불부과

此數無量無邊於彼一一諸
차수무량무변어피일일제

如來所所有法明法照法雨
여래소소유법명법조법우

三(삼) 世(세) 法(법) 藏(장) 皆(개) 能(능) 安(안) 能(능) 受(수) 能(능) 攝(섭)

能(능) 持(지) 是(시) 故(고) 此(차) 地(지) 名(명) 爲(위) 法(법) 雲(운)

佛(불) 子(자) 此(차) 地(지) 菩(보) 薩(살) 以(이) 自(자) 願(원) 力(력)

起(기) 大(대) 悲(비) 雲(운) 震(진) 大(대) 法(법) 雷(뢰) 通(통) 明(명) 無(무)

畏(외) 以(이) 爲(위) 電(전) 光(광) 福(복) 德(덕) 智(지) 慧(혜) 而(이) 爲(위)

密(밀) 雲(운) 現(현) 種(종) 種(종) 身(신) 周(주) 旋(선) 往(왕) 返(반) 於(어)

一(일) 念(념) 頃(경) 普(보) 徧(변) 十(시) 方(방) 百(백) 千(천) 億(억) 那(나)

由他世界微塵數國土演說
유타세계미진수국토연설

大法摧伏魔怨復過此數於
대법최복마원부과차수어

無量百千億那由他世界微
무량백천억나유타세계미

塵數國土隨諸衆生心之所
진수국토수제중생심지소

樂霔甘露雨滅除一切衆惑
락주감로우멸제일체중혹

塵焰是故此地名爲法雲
진염시고차지명위법운

佛子此地菩薩於一世界
불자차지보살어일세계

從종 兜도 率솔 天천 下하 乃내 至지 涅열 槃반 隨수 所소
應응 度도 衆중 生생 心심 而이 現현 佛불 事사 若약 二이
若약 三삼 乃내 至지 如여 上상 微미 塵진 數수 國국 土토
復부 過과 於어 此차 乃내 至지 無무 量량 百백 千천 億억
那나 由유 他타 世세 界계 微미 塵진 數수 國국 土토 皆개
亦역 如여 是시 是시 故고 此차 地지 名명 爲위 法법 雲운
佛불 子자 此차 地지 菩보 薩살 智지 慧혜 明명 達달

置 치	能 능	正 정	界 계	世 세	世 세	神 신
一 일	互 호	住 주	作 작	界 계	界 계	通 통
世 세	作 작	如 여	垢 구	垢 구	作 작	自 자
界 계	或 혹	是 시	世 세	世 세	廣 광	在 재
須 수	隨 수	無 무	界 계	界 계	世 세	隨 수
彌 미	心 심	量 량	亂 난	作 작	界 계	其 기
盧 로	念 념	一 일	住 주	淨 정	廣 광	心 심
等 등	於 어	切 체	次 차	世 세	世 세	念 념
一 일	一 일	世 세	住 주	界 계	界 계	能 능
切 체	塵 진	界 계	倒 도	淨 정	作 작	以 이
山 산	中 중	皆 개	住 주	世 세	狹 협	狹 협

川塵相如故世界不減或復
천진상여고세계불감혹부

於一微塵之中置二置三乃
어일미진지중치이치삼내

至不可說世界須彌盧等一
지불가설세계수미로등일

切山川而彼微塵體相如本
체산천이피미진체상여본

於中世界悉得明現或隨心
어중세계실득명현혹수심

念於一世界中示現二世界
념어일세계중시현이세계

莊嚴乃至不可說世界莊嚴
장엄내지불가설세계장엄

或於一世界莊嚴中示現二
혹어일세계장엄중시현이

世界乃至不可說世界或隨
세계내지불가설세계혹수

心念以不可說世界中衆生
심념이불가설세계중중생

置一世界或隨心念以一世
치일세계혹수심념이일세

界中衆生置不可說世界而
계중중생치불가설세계이

於衆生無所嬈害或隨心念
어중생무소요해혹수심념

於一毛孔示現一切佛境界
어일모공시현일체불경계

莊嚴之事或隨心念於一念
장엄지사혹수심념어일념

中示現不可說世界微塵數
중시현불가설세계미진수

身一一身示現如是微塵數
신일일신시현여시미진수

手一一手各執恒河沙數華
수일일수각집항하사수화

奩香篋鬘蓋幢幡周徧十方
렴향협만개당번주변시방

供養於佛一一身復示現爾
공양어불일일신부시현이

許微塵數頭一一頭復現爾
허미진수두일일두부현이

사경의 공덕은 십만억 부처님께 공양한 것과 같은 공덕이 있습니다.

許微塵數舌於念念中周徧
허미진수설어념념중주변

十方歎佛功德或隨心念於
시방탄불공덕혹수심념어

一念間普徧十方示成正覺
일념간보변시방시성정각

乃至涅槃及以國土莊嚴之
내지열반급이국토장엄지

事或現其身普徧三世而於
사혹현기신보변삼세이어

身中有無量諸佛及佛國土
신중유무량제불급불국토

莊嚴之事世界成壞靡不皆
장엄지사세계성괴미불개

乃 내	中 중	嚴 엄	海 해	隨 수	切 체	現 현
至 지	示 시	好 호	此 차	心 심	風 풍	或 혹
示 시	現 현	徧 변	海 해	念 념	而 이	於 어
成 성	大 대	覆 부	水 수	以 이	於 어	自 자
一 일	菩 보	無 무	中 중	無 무	衆 중	身 신
切 체	提 리	量 량	現 현	邊 변	生 생	一 일
種 종	樹 수	無 무	大 대	世 세	無 무	毛 모
智 지	莊 장	邊 변	蓮 련	界 계	所 소	孔 공
或 혹	嚴 엄	世 세	華 화	爲 위	惱 뇌	中 중
於 어	之 지	界 계	光 광	一 일	害 해	出 출
其 기	事 사	於 어	明 명	大 대	或 혹	一 일

身現十方世界一切光明摩
신현시방세계일체광명마

尼寶珠日月星宿雲電等光
니보주일월성수운전등광

靡不皆現或以口噓氣能動
미불개현혹이구허기능동

十方無量世界而不令衆生
시방무량세계이불령중생

有驚怖想或現十方風災火
유경포상혹현시방풍재화

災及以水災或隨衆生心之
재급이수재혹수중생심지

所樂示現色身莊嚴具足或
소락시현색신장엄구족혹

於自身示現佛身或於佛身
而現自身或於佛身現己國
土或於己國土而現佛身佛
子此法雲地菩薩能現如是
及餘無量百千億那由他自
在神力

爾時會中諸菩薩及天龍

菩 보	諸 제	復 부	菩 보	首 수	王 왕	夜 야
薩 살	衆 중	云 운	薩 살	羅 라	釋 석	叉 차
言 언	會 회	何 하	神 신	諸 제	提 제	乾 건
佛 불	心 심	爾 이	通 통	天 천	桓 환	闥 달
子 자	之 지	時 시	智 지	子 자	因 인	婆 바
今 금	所 소	解 해	力 력	等 등	梵 범	阿 아
此 차	念 념	脫 탈	能 능	咸 함	天 천	修 수
大 대	白 백	月 월	如 여	作 작	淨 정	羅 라
衆 중	金 금	菩 보	是 시	是 시	居 거	護 호
聞 문	剛 강	薩 살	者 자	念 념	摩 마	世 세
其 기	藏 장	知 지	佛 불	若 약	醯 혜	四 사

사경의 공덕은 십만억 부처님께 공양한 것과 같은 공덕이 있습니다.

菩薩神通智力墮在疑網善
보살신통지력타재의망선

哉仁者爲斷彼疑當少示現
재인자위단피의당소시현

菩薩神力莊嚴之事
보살신력장엄지사

時金剛藏菩薩卽入一切
시금강장보살즉입일체

佛國土體性三昧入此三昧
불국토체성삼매입차삼매

時諸菩薩及一切大衆皆自
시제보살급일체대중개자

見身在金剛藏菩薩身內於
견신재금강장보살신내어

有 유	葉 엽	界 계	其 기	不 불	種 종	中 중
師 사	所 소	高 고	身 신	能 능	種 종	悉 실
子 자	蔭 음	百 백	周 주	盡 진	莊 장	見 견
座 좌	亦 역	萬 만	圍 위	又 우	嚴 엄	三 삼
座 좌	復 부	三 삼	十 십	於 어	之 지	千 천
上 상	如 여	千 천	萬 만	其 기	事 사	大 대
有 유	是 시	大 대	三 삼	中 중	經 경	千 천
佛 불	稱 칭	千 천	千 천	見 견	於 어	世 세
號 호	樹 수	世 세	大 대	菩 보	億 억	界 계
一 일	形 형	界 계	千 천	提 리	劫 겁	所 소
切 체	量 량	枝 지	世 세	樹 수	說 설	有 유

智通王一切大衆悉見其佛
지통왕일체대중실견기불

坐菩提樹下師子座上種種
좌보리수하사자좌상종종

諸相以爲莊嚴假使億劫說
제상이위장엄가사억겁설

不能盡
불능진

金剛藏菩薩示視如是大
금강장보살시시여시대

神力已還令衆會各在本處
신력이환령중회각재본처

時諸大衆得未曾有生奇特
시제대중득미증유생기특

想默然而住向金剛藏一心
상묵연이주향금강장일심

瞻仰
첨앙

爾時解脫月菩薩白金剛
이시해탈월보살백금강

藏菩薩言佛子今此三昧甚
장보살언불자금차삼매심

爲希有有大勢力其名何等
위희유유대세력기명하등

金剛藏言此三昧名一切佛
금강장언차삼매명일체불

國土體性又問此三昧境界
국토체성우문차삼매경계

云何答言佛子若菩薩修此
운하답언불자약보살수차

三昧隨心所念能於身中現
삼매수심소념능어신중현

恒河沙世界微塵數佛刹復
항하사세계미진수불찰부

過此數無量無邊
과차수무량무변

佛子菩薩住法雲地得如
불자보살주법운지득여

是等無量百千諸大三昧故
시등무량백천제대삼매고

此菩薩身身業不可測知語
차보살신신업불가측지어

語業意意業神通自在觀察
어업의의업신통자재관찰

三世三昧境界智慧境界遊
삼세삼매경계지혜경계유

戲一切諸解脫門變化所作
희일체제해탈문변화소작

神力所作光明所作略說乃
신력소작광명소작략설내

至擧足下足如是一切諸有
지거족하족여시일체제유

所作乃至法王子住善慧地
소작내지법왕자주선혜지

菩薩皆不能知佛子此法雲
보살개불능지불자차법운

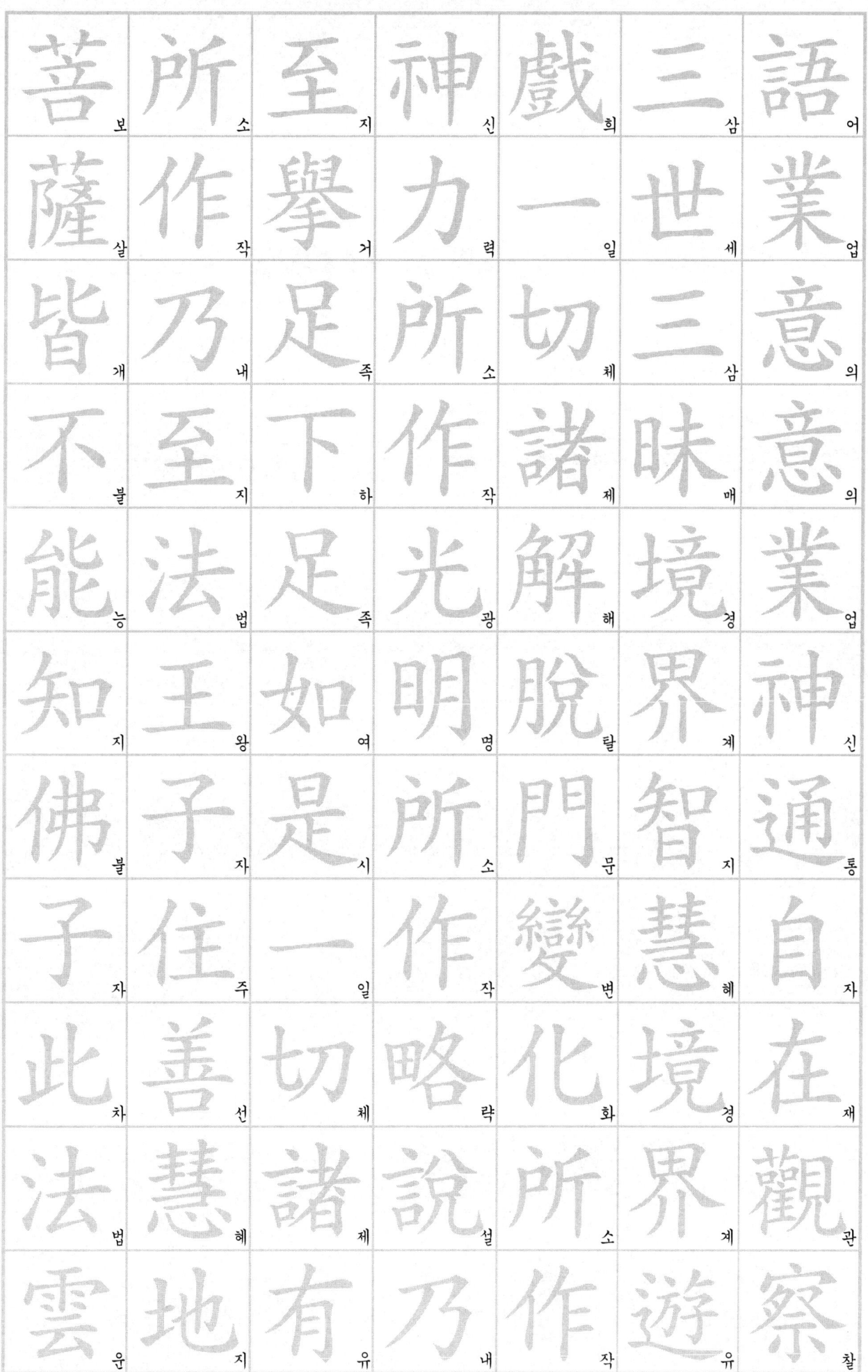

地菩薩所有境界略說如是
지보살소유경계략설여시

若廣說者假使無量百千阿
약광설자가사무량백천아

僧祇劫亦不能盡
승기겁역불능진

解脫月菩薩言佛子若菩
해탈월보살언불자약보

薩神通境界如是佛神通力
살신통경계여시불신통력

其復云何金剛藏言佛子譬
기부운하금강장언불자비

如有人於四天下取一塊土
여유인어사천하취일괴토

사경의 공덕은 십만억 부처님께 공양한 것과 같은 공덕이 있습니다.

而作是言爲無邊世界大地
이작시언위무변세계대지

土多爲此土多我觀汝問亦
토다위차토다아관여문역

復如是
부여시

如來智慧無邊無等云何
여래지혜무변무등운하

而與菩薩比量復次佛子如
이여보살비량부차불자여

四天下取少許土餘者無量
사천하취소허토여자무량

此法雲地神通智慧於無量
차법운지신통지혜어무량

사경의 공덕은 십만억 부처님께 공양한 것과 같은 공덕이 있습니다.

蔗 자	土 토	界 계	使 사	令 령		劫 겁
竹 죽	得 득	微 미	十 시	汝 여	佛 불	但 단
葦 위	如 여	塵 진	方 방	得 득	子 자	說 설
稻 도	是 시	數 수	一 일	知 지	我 아	少 소
麻 마	地 지	諸 제	一 일	如 여	今 금	分 분
叢 총	菩 보	佛 불	方 방	來 래	爲 위	況 황
林 림	薩 살	國 국	各 각	境 경	汝 여	如 여
彼 피	充 충	土 토	有 유	界 계	引 인	來 래
諸 제	滿 만	一 일	無 무	佛 불	事 사	地 지
菩 보	如 여	一 일	邊 변	子 자	爲 위	
薩 살	甘 감	國 국	世 세	假 가	證 증	

於(어)百(백)千(천)億(억)那(나)由(유)他(타)劫(겁)修(수)菩(보)薩(살)
行(행)所(소)生(생)智(지)慧(혜)比(비)一(일)如(여)來(래)智(지)慧(혜)
境(경)界(계)百(백)分(분)不(불)及(급)一(일)乃(내)至(지)優(우)波(바)
尼(니)沙(사)陀(타)分(분)亦(역)不(불)能(능)及(급)
佛(불)子(자)此(차)菩(보)薩(살)住(주)如(여)是(시)智(지)慧(혜)
不(불)異(이)如(여)來(래)身(신)語(어)意(의)業(업)不(불)捨(사)菩(보)
薩(살)諸(제)三(삼)昧(매)力(력)於(어)無(무)數(수)劫(겁)承(승)事(사)

사경의 공덕은 십만억 부처님께 공양한 것과 같은 공덕이 있습니다.

供養一切諸佛一劫中以 (공양일체제불일겁중이)
一切種供養之具而爲供 (일체종공양지구이위공)
一切諸佛神力所加智慧光 (일체제불신력소가지혜광)
明轉更增勝於法界中所有 (명전갱증승어법계중소유)
問難善爲解釋百千億劫無 (문난선위해석백천억겁무)
能屈者佛子譬如金師以上 (능굴자불자비여금사이상)
妙眞金作嚴身具大摩尼寶 (묘진금작엄신구대마니보)

사경의 공덕은 십만억 부처님께 공양한 것과 같은 공덕이 있습니다.

鈿厠其間自在天王身自服
전측기간자재천왕신자복

戴其餘天人莊嚴之具所不
대기여천인장엄지구소불

能及此地菩薩亦復如是始
능급차지보살역부여시시

從初地乃至九地一切菩薩
종초지내지구지일체보살

所有智行皆不能及
소유지행개불능급

此地菩薩智慧光明能令
차지보살지혜광명능령

衆生乃至入於一切智智餘
중생내지입어일체지지여

聞 문	乃 내	復 부	能 능	生 생	摩 마	智 지
辟 벽	至 지	如 여	及 급	身 신	醯 혜	光 광
支 지	住 주	是 시	此 차	心 심	首 수	明 명
佛 불	於 어	能 능	地 지	清 청	羅 라	無 무
乃 내	一 일	令 령	菩 보	涼 량	天 천	能 능
至 지	切 체	衆 중	薩 살	一 일	王 왕	如 여
第 제	智 지	生 생	智 지	切 체	光 광	是 시
九 구	智 지	皆 개	慧 혜	光 광	明 명	佛 불
地 지	一 일	得 득	光 광	明 명	能 능	子 자
菩 보	切 체	清 청	明 명	所 소	令 령	譬 비
薩 살	聲 성	涼 량	亦 역	不 불	衆 중	如 여

智慧光明悉不能及
지혜광명실불능급

佛子此菩薩摩訶薩已能
불자차보살마하살이능

安住如是智慧諸佛世尊復
안주여시지혜제불세존부

更爲說三世智法界差別智
갱위설삼세지법계차별지

徧一切世界智照一切世界
변일체세계지조일체세계

智慈念一切衆生智擧要言
지자념일체중생지거요언

之乃至爲說得一切智智
지내지위설득일체지지

사경의 공덕은 십만억 부처님께 공양한 것과 같은 공덕이 있습니다.

此(차) 菩(보) 薩(살) 十(십) 波(바) 羅(라) 蜜(밀) 中(중) 智(지) 波(바)
羅(라) 蜜(밀) 最(최) 爲(위) 增(증) 上(상) 餘(여) 波(바) 羅(라) 蜜(밀) 非(비)
不(불) 修(수) 行(행) 佛(불) 子(자) 是(시) 名(명) 略(략) 說(설) 菩(보) 薩(살)
摩(마) 訶(하) 薩(살) 第(제) 十(십) 法(법) 雲(운) 地(지) 若(약) 廣(광) 說(설)
者(자) 假(가) 使(사) 無(무) 量(량) 阿(아) 僧(승) 祇(기) 劫(겁) 亦(역) 不(불)
能(능) 盡(진)
佛(불) 子(자) 菩(보) 薩(살) 住(주) 此(차) 地(지) 多(다) 作(작) 摩(마)

切 체	離 리	事 사	無 무	羅 라	衆 중	醯 혜
種 종	念 념	如 여	能 능	蜜 밀	生 생	首 수
一 일	佛 불	是 시	屈 굴	行 행	聲 성	羅 라
切 체	乃 내	一 일	者 자	於 어	聞 문	天 천
智 지	至 지	切 체	布 보	法 법	獨 독	王 왕
智 지	不 불	諸 제	施 시	界 계	覺 각	於 어
復 부	離 리	所 소	愛 애	中 중	一 일	法 법
作 작	念 념	作 작	語 어	所 소	切 체	自 자
是 시	具 구	業 업	利 리	有 유	菩 보	在 재
念 념	足 족	皆 개	行 행	問 문	薩 살	能 능
我 아	一 일	不 불	同 동	難 난	波 바	授 수

當於一切衆生爲首爲勝乃
당어일체중생위수위승내

至爲一切智智依止者
지위일체지지의지자

若勤加精進於一念頃得
약근가정진어일념경득

十不可說百千億那由他佛
십불가설백천억나유타불

刹微塵數三昧乃至示現爾
찰미진수삼매내지시현이

所微塵數菩薩以爲眷屬
소미진수보살이위권속

若以菩薩殊勝願力自在
약이보살수승원력자재

사경의 공덕은 십만억 부처님께 공양한 것과 같은 공덕이 있습니다.

示(시)現(현)過(과)於(어)此(차)數(수)所(소)謂(위)若(약)修(수)行(행)
若(약)莊(장)嚴(엄)若(약)信(신)解(해)若(약)所(소)作(작)若(약)身(신)
若(약)語(어)若(약)光(광)明(명)若(약)諸(제)根(근)若(약)神(신)變(변)
若(약)音(음)聲(성)若(약)行(행)處(처)乃(내)至(지)百(백)千(천)億(억)
那(나)由(유)他(타)劫(겁)不(불)能(능)數(수)知(지)
佛(불)子(자)此(차)菩(보)薩(살)摩(마)訶(하)薩(살)十(십)地(지)
行(행)相(상)次(차)第(제)現(현)前(전)則(즉)能(능)趣(취)入(입)一(일)

盡 진	以 이	菩 보	令 령	無 무	大 대	切 체
復 부	四 사	提 리	其 기	盡 진	河 하	智 지
更 갱	攝 섭	心 심	充 충	竭 갈	其 기	智 지
增 증	法 법	流 유	滿 만	復 부	河 하	譬 비
長 장	充 충	出 출	佛 불	更 갱	流 류	如 여
乃 내	滿 만	善 선	子 자	增 증	注 주	阿 아
至 지	衆 중	根 근	菩 보	長 장	徧 변	耨 뇩
入 입	生 생	大 대	薩 살	乃 내	閻 염	達 달
於 어	無 무	願 원	亦 역	至 지	浮 부	池 지
一 일	有 유	之 지	爾 이	入 입	提 제	出 출
切 체	窮 궁	水 수	從 종	海 해	旣 기	四 사

智海令其充滿
(지해령기충만)

佛子菩薩十地因佛智故
(불자보살십지인불지고)

而有差別如因大地有十山
(이유차별여인대지유십산)

王何等爲十所謂雪山王香
(왕하등위십소위설산왕향)

山王鞞陀梨山王神仙山王
(산왕비타리산왕신선산왕)

由乾陀山王馬耳山王尼民
(유건타산왕마이산왕니민)

陀羅山王斫羯羅山王計都
(타라산왕작갈라산왕계도)

사경의 공덕은 십만억 부처님께 공양한 것과 같은 공덕이 있습니다.

末(말) 底(저) 山(산) 王(왕) 須(수) 彌(미) 盧(로) 山(산) 王(왕)

佛(불) 子(자) 如(여) 雪(설) 山(산) 王(왕) 一(일) 切(체) 藥(약) 草(초)

咸(함) 在(재) 其(기) 中(중) 取(취) 不(불) 可(가) 盡(진) 菩(보) 薩(살) 所(소)

住(주) 歡(환) 喜(희) 地(지) 亦(역) 復(부) 如(여) 是(시) 一(일) 切(체) 世(세)

間(간) 經(경) 書(서) 技(기) 藝(예) 文(문) 頌(송) 呪(주) 術(술) 咸(함) 在(재)

其(기) 中(중) 說(설) 不(불) 可(가) 盡(진)

佛(불) 子(자) 如(여) 香(향) 山(산) 王(왕) 一(일) 切(체) 諸(제) 香(향)

사경의 공덕은 십만억 부처님께 공양한 것과 같은 공덕이 있습니다.

咸集其中取不可盡菩薩所
住離垢地亦復如是一切菩
薩戒行威儀咸在其中說不
可盡

佛子如鞞陀梨山王純寶
所成一切衆寶咸在其中取
不可盡菩薩所住發光地亦

사경의 공덕은 십만억 부처님께 공양한 것과 같은 공덕이 있습니다.

復如是一切世間禪定神通
부여시일체세간선정신통

解脫三昧三摩鉢底咸在其
해탈삼매삼마발저함재기

中說不可盡
중설불가진

佛子如神仙山王純寶所
불자여신선산왕순보소

成五通神仙咸住其中無有
성오통신선함주기중무유

窮盡菩薩所住焰慧地亦復
궁진보살소주염혜지역부

如是一切道中殊勝智慧咸
여시일체도중수승지혜함

在재 其기 中중 說설 不불 可가 盡진

佛불 子자 如여 由유 乾건 陀타 羅라 山산 王왕 純순

寶보 所소 成성 夜야 叉차 大대 神신 咸함 住주 其기 中중

無무 有유 窮궁 盡진 菩보 薩살 所소 住주 難난 勝승 地지

亦역 復부 如여 是시 一일 切체 自자 在재 如여 意의 神신

通통 咸함 在재 其기 中중 說설 不불 可가 盡진

佛불 子자 如여 馬마 耳이 山산 王왕 純순 寶보 所소

成성 一일 切체 諸제 果과 咸함 在재 其기 中중 取취 不불

可가 盡진 菩보 薩살 所소 住주 現현 前전 地지 亦역 復부

如여 是시 入입 緣연 起기 理리 聲성 聞문 果과 證증 咸함

在재 其기 中중 說설 不불 可가 盡진

如여 尼니 民민 陀타 羅라 山산 王왕 純순 寶보 所소

成성 大대 力력 龍룡 神신 咸함 住주 其기 中중 無무 有유

窮궁 盡진 菩보 薩살 所소 住주 遠원 行행 地지 亦역 復부

如是方便智慧獨覺果證咸
여시방편지혜독각과증함

在其中說不可盡
재기중설불가진

如斫羯羅山王純寶所成
여작갈라산왕순보소성

諸自在衆住其中無有窮
제자재중주기중무유궁

盡菩薩所住不動地亦復如
진보살소주부동지역부여

是一切菩薩自在行差別世
시일체보살자재행차별세

界咸在其中說不可盡
계함재기중설불가진

如計都山王純寶所成大
여계도산왕순보소성대

威德阿修羅王咸住其中無
위덕아수라왕함주기중무

有窮盡菩薩所住善慧地亦
유궁진보살소주선혜지역

復如是一切世間生滅智行
부여시일체세간생멸지행

咸在其中說不可盡
함재기중설불가진

如須彌盧山王純寶所成
여수미로산왕순보소성

大威德諸天咸住其中無有
대위덕제천함주기중무유

窮盡菩薩所住法雲地亦復
궁진보살소주법운지역부

如是如來力無畏不共法一
여시여래력무외불공법일

切佛事咸在其中問答宣說
체불사함재기중문답선설

不可窮盡
불가궁진

佛子此十寶山王同在大
불자차십보산왕동재대

海差別得名菩薩十地亦復
해차별득명보살십지역부

如是同在一切智中差別得
여시동재일체지중차별득

名(명)
佛(불)子(자)譬(비)如(여)大(대)海(해)以(이)十(십)種(종)相(상)
得(득)大(대)海(해)名(명)不(불)可(가)移(이)奪(탈)何(하)等(등)爲(위)
十(십)一(일)次(차)第(제)漸(점)深(심)二(이)不(불)受(수)死(사)屍(시)
三(삼)餘(여)水(수)入(입)中(중)皆(개)失(실)本(본)名(명)四(사)普(보)
同(동)一(일)味(미)五(오)無(무)量(량)珍(진)寶(보)六(육)無(무)能(능)
至(지)底(저)七(칠)廣(광)大(대)無(무)量(량)八(팔)大(대)身(신)所(소)

居(거)九(구)潮(조)不(불)過(과)限(한)十(십)普(보)受(수)大(대)雨(우)

無(무)有(유)盈(영)溢(일)菩(보)薩(살)行(행)亦(역)復(부)如(여)是(시)

以(이)十(십)相(상)故(고)名(명)菩(보)薩(살)行(행)

不(불)可(가)移(이)奪(탈)何(하)等(등)爲(위)十(십)所(소)謂(위)

歡(환)喜(희)地(지)出(출)生(생)大(대)願(원)漸(점)次(차)深(심)故(고)

離(리)垢(구)地(지)不(불)受(수)一(일)切(체)破(파)戒(계)屍(시)故(고)

發(발)光(광)地(지)捨(사)離(리)世(세)間(간)假(가)名(명)字(자)故(고)

得 득	示 시	廣 광	觀 관	世 세	難 난	焰 염
深 심	現 현	大 대	察 찰	間 간	勝 승	慧 혜
解 해	廣 광	覺 각	緣 연	所 소	地 지	地 지
脫 탈	大 대	慧 혜	生 생	作 작	出 출	與 여
行 행	莊 장	善 선	甚 심	衆 중	生 생	佛 불
於 어	嚴 엄	觀 관	深 심	珍 진	無 무	功 공
世 세	事 사	察 찰	理 리	寶 보	量 량	德 덕
間 간	故 고	故 고	故 고	故 고	方 방	同 동
如 여	善 선	不 부	遠 원	現 현	便 편	一 일
實 실	慧 혜	動 동	行 행	前 전	神 신	味 미
而 이	地 지	地 지	地 지	地 지	通 통	故 고

知不過限故法雲地能受一
지불과한고법운지능수일

切諸佛如來大法明雨無厭
체제불여래대법명우무염

足故
족고

佛子譬如大摩尼珠有十
불자비여대마니주유십

種性出過衆寶何等爲十一
종성출과중보하등위십일

者從大海出二者巧匠治理
자종대해출이자교장치리

三者圓滿無缺四者清淨離
삼자원만무결사자청정리

垢五者內外明徹六者善巧
구오자내외명철육자선교

鑽穿七者貫以寶縷八者置
찬천칠자관이보루팔자치

在瑠璃高幢之上九者普放
재류리고당지상구자보방

一切種種光明十者能隨王
일체종종광명십자능수왕

意雨衆寶物如衆生心充滿
의우중보물여중생심충만

其願
기원

佛子當知菩薩亦復如是
불자당지보살역부여시

有十種事出過衆聖何等爲
유 십 종 사 출 과 중 성 하 등 위

十一者發一切智心二者持
십 일 자 발 일 체 지 심 이 자 지

戒頭陀正行明淨三者諸禪
계 두 타 정 행 명 정 삼 자 제 선

三昧圓滿無缺四者道行淸
삼 매 원 만 무 결 사 자 도 행 청

白離諸垢穢五者方便神通
백 리 제 구 예 오 자 방 편 신 통

內外明徹六者緣起智慧善
내 외 명 철 육 자 연 기 지 혜 선

能鑽穿七者貫以種種方便
능 찬 천 칠 자 관 이 종 종 방 편

智縷八者置於自在高幢之
지루팔자치어자재고당지

上九者觀衆生行放聞持光
상구자관중생행방문지광

十者受佛智職墮在佛數能
십자수불지직타재불수능

爲衆生廣作佛事
위중생광작불사

佛子此集一切種一切智
불자차집일체종일체지

功德菩薩行法門品若諸衆
공덕보살행법문품약제중

生不種善根不可得聞解脫
생부종선근불가득문해탈

月菩薩言聞此法門得幾所
월보살언문차법문득기소

福金剛藏菩薩言如一切智
복금강장보살언여일체지

所集福德聞此法門福德如
소집복덕문차법문복덕여

是何以故非不聞此功德法
시하이고비불문차공덕법

門而能信解受持讀誦何況
문이능신해수지독송하황

精進如說修行是故當知要
정진여설수행시고당지요

得聞此集一切智功德法門
득문차집일체지공덕법문

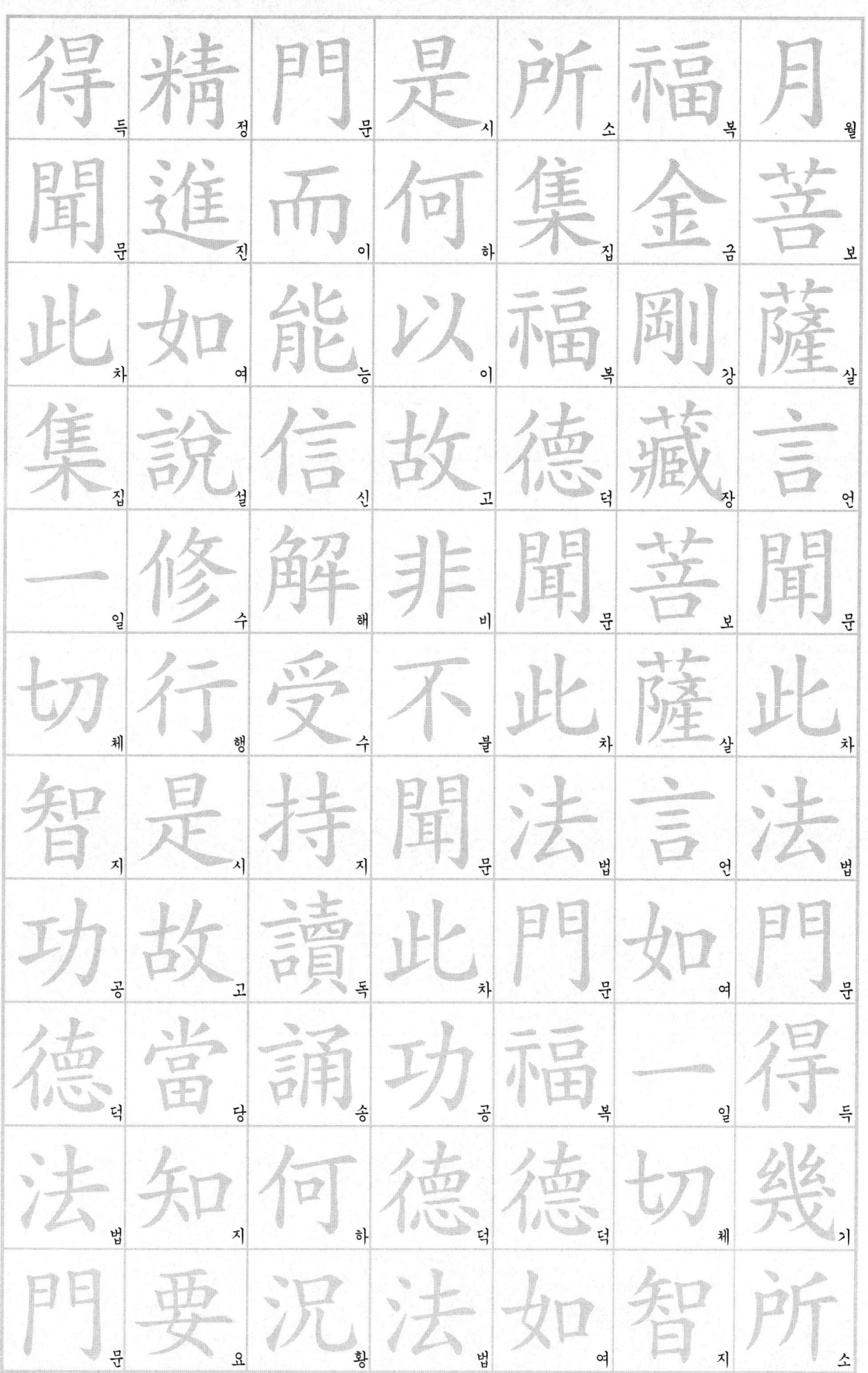

乃能信解受持修習然後至
내능신해수지수습연후지

於一切智地
어일체지지

爾時佛神力故法如是故
이시불신력고법여시고

十方各有十億佛刹微塵數
시방각유십억불찰미진수

世界六種十八相動所謂動
세계육종십팔상동소위동

徧動等徧動起徧起等徧起
변동등변동기변기등변기

踊徧踊等徧踊震徧震等徧
용변용등변용진변진등변

震(진)吼(후)偏(변)吼(후)等(등)偏(변)吼(후)擊(격)偏(변)擊(격)等(등)
偏(변)擊(격)
雨(우)衆(중)天(천)華(화)天(천)鬘(만)天(천)衣(의)及(급)諸(제)
天(천)寶(보)莊(장)嚴(엄)之(지)具(구)幢(당)幡(번)繒(증)蓋(개)奏(주)
天(천)妓(기)樂(악)其(기)音(음)和(화)雅(아)同(동)時(시)發(발)聲(성)
讚(찬)一(일)切(체)智(지)地(지)所(소)有(유)功(공)德(덕)
如(여)此(차)世(세)界(계)他(타)化(화)自(자)在(재)天(천)王(왕)

宮(궁)演(연)說(설)此(차)法(법)十(시)方(방)所(소)有(유)一(일)切(체)

世(세)界(계)悉(실)亦(역)如(여)是(시)爾(이)時(시)復(부)以(이)佛(불)

神(신)力(력)故(고)十(시)方(방)各(각)十(십)億(억)佛(불)刹(찰)微(미)

塵(진)數(수)世(세)界(계)外(외)有(유)十(십)億(억)佛(불)刹(찰)微(미)

塵(진)數(수)菩(보)薩(살)而(이)來(래)此(차)會(회)作(작)如(여)是(시)

言(언)善(선)哉(재)善(선)哉(재)金(금)剛(강)藏(장)快(쾌)說(설)此(차)

法(법)我(아)等(등)悉(실)亦(역)同(동)名(명)金(금)剛(강)藏(장)所(소)

如 여	佛 불	義 의	而 이	世 세	德 덕	住 주
我 아	神 신	與 여	說 설	界 계	佛 불	世 세
等 등	力 력	此 차	此 차	中 중	號 호	界 계
今 금	而 이	所 소	法 법	皆 개	金 금	各 각
者 자	來 래	說 설	衆 중	承 승	剛 강	各 각
入 입	此 차	無 무	會 회	如 여	幢 당	差 차
此 차	會 회	有 유	悉 실	來 래	我 아	別 별
世 세	爲 위	增 증	等 등	威 위	等 등	悉 실
界 계	汝 여	減 감	文 문	神 신	住 주	名 명
如 여	作 작	悉 실	字 자	之 지	在 재	金 금
是 시	證 증	以 이	句 구	力 력	本 본	剛 강

十方一切世界悉亦如是而
시방일체세계실역여시이

往作證
왕작증

爾時金剛藏菩薩觀察十
이시금강장보살관찰시

方一切衆會普周法界欲讚
방일체중회보주법계욕찬

歎發一切智智心欲示現菩
탄발일체지지심욕시현보

薩境界淨治菩薩行力欲
살경계정치보살행력욕

說攝取一切種智道欲除滅
설섭취일체종지도욕제멸

一切世間垢欲施與一切智
일체세간구욕시여일체지

欲示現不思議智莊嚴欲顯
욕시현불사의지장엄욕현

示一切菩薩諸功德欲令如
시일체보살제공덕욕령여

是地義轉更開顯承佛神力
시지의전갱개현승불신력

而說頌言
이설송언

其心寂滅恒調順
기심적멸항조순

平等無礙如虛空
평등무애여허공

離諸垢濁住於道
이제구탁주어도

此殊勝行汝應聽
차수승행여응청

百千億劫修諸善
백천억겁수제선

供養無量無邊佛
공양무량무변불

聲聞獨覺亦復然
성문독각역부연

爲利衆生發大心
위리중생발대심

精勤持戒常柔忍
정근지계상유인

慚愧福智皆具足
참괴복지개구족

志求佛智修廣慧
지구불지수광혜

願得十力發大心
원득십력발대심

三世諸佛咸供養
삼세제불함공양

一切國土悉嚴淨
일체국토실엄정

了知諸法皆平等
요지제법개평등

爲利衆生發大心
위리중생발대심

사경의 공덕은 십만억 부처님께 공양한 것과 같은 공덕이 있습니다.

住(주)於(어)初(초)地(지)生(생)是(시)心(심)
永(영)離(리)衆(중)惡(악)常(상)歡(환)喜(희)
願(원)力(력)廣(광)修(수)諸(제)善(선)法(법)
以(이)悲(비)愍(민)故(고)入(입)後(후)位(위)
戒(계)聞(문)具(구)足(족)念(념)衆(중)生(생)
滌(척)除(제)垢(구)穢(예)心(심)明(명)潔(결)
觀(관)察(찰)世(세)間(간)三(삼)毒(독)火(화)

廣大解者趣三地
광대해자취삼지

三有一切皆無常
삼유일체개무상

如箭入身苦熾然
여전입신고치연

厭離有爲求佛法
염리유위구불법

廣大智人趣焰地
광대지인취염지

念慧具足得道智
염혜구족득도지

供養百千無量佛
공양백천무량불

常觀最勝諸功德 (상관최승제공덕)
斯人趣入難勝地 (사인취입난승지)
智慧方便善觀察 (지혜방편선관찰)
種種示現救衆生 (종종시현구중생)
復供十力無上尊 (부공십력무상존)
趣入無生現前地 (취입무생현전지)
世所難知而能知 (세소난지이능지)

不受於我離有無
불수어아리유무

法性本寂隨緣轉
법성본적수연전

得此微妙向七地
득차미묘향칠지

智慧方便心廣大
지혜방편심광대

難行難伏難了知
난행난복난료지

雖證寂滅勤修習
수증적멸근수습

能趣如空不動地
능취여공부동지

佛勸令從寂滅起
불권령종적멸기

廣修種種諸智業
광수종종제지업

具十自在觀世間
구십자재관세간

以此而昇善慧地
이차이승선혜지

以微妙智觀衆生
이미묘지관중생

心行業惑等稠林
심행업혹등주림

爲欲化其令趣道
위욕화기령취도

演說諸佛勝義藏
연설제불승의장

次第修行具衆善
차제수행구중선

乃至九地集福慧
내지구지집복혜

常求諸佛最上法
상구제불최상법

得佛智水灌其頂
득불지수관기정

獲得無數諸三昧
획득무수제삼매

亦善了知其作業
역선료지기작업

最後三昧名受職 (최후삼매명수직)
住廣大境恒不動 (주광대경항부동)
菩薩得此三昧時 (보살득차삼매시)
大寶蓮華忽然現 (대보련화홀연현)
身量稱彼於中坐 (신량칭피어중좌)
佛子圍遶同觀察 (불자위요동관찰)
放大光明百千億 (방대광명백천억)

滅除一切衆生苦 (멸제일체중생고)
復於頂上放光明 (부어정상방광명)
普入十方諸佛會 (보입시방제불회)
悉住空中作光網 (실주공중작광망)
供養佛已從足入 (공양불이종족입)
卽時諸佛悉了知 (즉시제불실료지)
今此佛子登職位 (금차불자등직위)

十方菩薩來觀察
시방보살래관찰

受職大士舒光照
수직대사서광조

諸佛眉間亦放光
제불미간역방광

普照而來從頂入
보조이래종정입

十方世界咸震動
시방세계함진동

一切地獄苦消滅
일체지옥고소멸

是時諸佛與其職
시시제불여기직

如轉輪王第一子
여전륜왕제일자

若蒙諸佛與灌頂
약몽제불여관정

是則名登法雲地
시즉명등법운지

智慧增長無有邊
지혜증장무유변

開悟一切諸世間
개오일체제세간

欲界色界無色界
욕계색계무색계

法界世界衆生界
법계세계중생계

有數無數及虛空
유수무수급허공

如是一切咸通達
여시일체함통달

一切化用大威力
일체화용대위력

諸佛加持微細智
제불가지미세지

秘密劫數毛道等
비밀겁수모도등

皆能如實而觀察
개능여실이관찰

受生捨俗成正道
수생사속성정도

轉妙法輪入涅槃
전묘법륜입열반

乃至寂滅解脫法
내지적멸해탈법

及所未說皆能了
급소미설개능료

菩薩住此法雲地
보살주차법운지

具足念力持佛法
구족념력지불법

譬如大海受龍雨
비여대해수룡우

此地受法亦復然
차지수법역부연

十方無量諸衆生
시방무량제중생

悉得聞持持佛法
실득문지지불법

於一佛所所聞法
어일불소소문법

過於彼數無有量
과어피수무유량

以昔智願威神力
이석지원위신력

一念普徧十方土
일념보변시방토

霔甘露雨滅煩惱
주감로우멸번뇌

是故佛說名法雲
시고불설명법운

神通示現徧十方
신통시현변시방

超出人天世間境
초출인천세간경

復過是數無量億
부과시수무량억

世智思惟必迷悶
세지사유필미민

一擧足量智功德
일거족량지공덕

乃至九地不能知
내지구지불능지

何況一切諸衆生
及以聲聞辟支佛
此地菩薩供養佛
十方國土悉周徧
亦供現前諸聖衆
具足莊嚴佛功德
住於此地復爲說

사경의 공덕은 십만억 부처님께 공양한 것과 같은 공덕이 있습니다.

三世法界無礙智 (삼세법계무애지)
衆生國土悉亦然 (중생국토실역연)
乃至一切佛功德 (내지일체불공덕)
此地菩薩智光明 (차지보살지광명)
能示衆生正法路 (능시중생정법로)
自在天光除世暗 (자재천광제세암)
此光滅暗亦如是 (차광멸암역여시)

住此多作三界王
주차다작삼계왕

善能演說三乘法
선능연설삼승법

無量三昧一念得
무량삼매일념득

所見諸佛亦如是
소견제불역여시

此地我今已略說
차지아금이략설

若欲廣說不可盡
약욕광설불가진

如是諸地佛智中
여시제지불지중

如十山王嶷然住
여십산왕억연주

初地藝業不可盡
초지예업불가진

譬如雪山集衆藥
비여설산집중약

二地戒聞如香山
이지계문여향산

三如毘陀發妙華
삼여비타발묘화

焰慧道寶無有盡
염혜도보무유진

譬如仙山仁善住
비여선산인선주

五(오)地(지)神(신)通(통)如(여)由(유)乾(건)
六(육)如(여)馬(마)耳(이)具(구)衆(중)果(과)
七(칠)地(지)大(대)慧(혜)如(여)尼(니)民(민)
八(팔)地(지)自(자)在(재)如(여)輪(륜)圍(위)
九(구)如(여)計(계)都(도)集(집)無(무)礙(애)
十(십)如(여)須(수)彌(미)具(구)衆(중)德(덕)
初(초)地(지)願(원)首(수)二(이)持(지)戒(계)

三地功德四專一
삼지공덕사전일

五地微妙六甚深
오지미묘륙심심

七地廣大八莊嚴
칠지광대팔장엄

九地思量微妙義
구지사량미묘의

出過一切世間道
출과일체세간도

十地受持諸佛法
십지수지제불법

如是行海無盡竭
여시행해무진갈

十行超世發心初
십행초세발심초

持戒第二禪第三
지계제이선제삼

行淨第四成就五
행정제사성취오

緣生第六貫穿七
연생제륙관천칠

第八置在金剛幢
제팔치재금강당

第九觀察衆稠林
제구관찰중주림

第十灌頂隨王意
제십관정수왕의

如是德寶漸淸淨
여시덕보점청정

十方國土碎爲塵
시방국토쇄위진

可於一念知其數
가어일념지기수

毫末度空可知量
호말도공가지량

億劫說此不可盡
억겁설차불가진

發 願 文

귀의 삼보하옵고

거룩하신 부처님께 발원하옵나이다.

주　소 : ______________________________

전　화 : ______________ 불 명 : ______ 성 명 : ______

불기 25 ______ 년 ______ 월 ______ 일